First Picture Dictionary
Animals

Első Képes Szótár
Állatok

Pig
Malac

Butterfly
Pillangó

Fox
Róka

Rabbit
Nyúl

Illustrated by Anna Ivanir

www.kidkiddos.com
Copyright ©2025 by KidKiddos Books Ltd.
support@kidkiddos.com

All rights reserved. No part of this book may be reproduced in any form or by any electronic or mechanical means, including information storage and retrieval systems, without written permission from the publisher, except in the case of a reviewer, who may quote brief passages embodied in critical articles or in a review.
First edition, 2025

Library and Archives Canada Cataloguing in Publication
First Picture Dictionary - Animals (English Hungarian Bilingual edition)
ISBN: 978-1-83416-567-7 paperback
ISBN: 978-1-83416-568-4 hardcover
ISBN: 978-1-83416-566-0 eBook

Wild Animals
Vadállatok

Lion
Oroszlán

Tiger
Tigris

Giraffe
Zsiráf

✦ A giraffe is the tallest animal on land.
✦ *A zsiráf a legmagasabb szárazföldi állat.*

Elephant
Elefánt

Monkey
Majom

Wild Animals
Vadállatok

Hippopotamus
Víziló

Panda
Panda

Fox
Róka

Rhino
Orrszarvú

Deer
Szarvas

Moose
Jávorszarvas

Wolf
Farkas

✦ A moose is a great swimmer and can dive underwater to eat plants!

✦ *A jávorszarvas remek úszó, és víz alá merülve növényeket eszik!*

Squirrel
Mókus

Koala
Koala

✦ A squirrel hides nuts for winter, but sometimes forgets where it put them!

✦ *A mókus elrejti a diókat télre, de néha elfelejti, hová tette őket!*

Gorilla
Gorilla

Pets
Háziállatok

Canary
Kanári

✦ A frog can breathe through its skin as well as its lungs!
✦ A béka a bőrén keresztül is tud lélegezni, nemcsak a tüdejével!

Guinea Pig
Tengerimalac

Frog
Béka

Hamster
Hörcsög

Goldfish
Aranyhal

Dog
Kutya

✦ *Some parrots can copy words and even laugh like a human!*
✦ *Néhány papagáj képes szavakat utánozni, sőt még emberként nevetni is!*

Parrot
Papagáj

Cat
Macska

Animals at the Farm
Állatok a farmon

Cow
Tehén

Chicken
Csirke

Duck
Kacsa

Sheep
Bárány

Horse
Ló

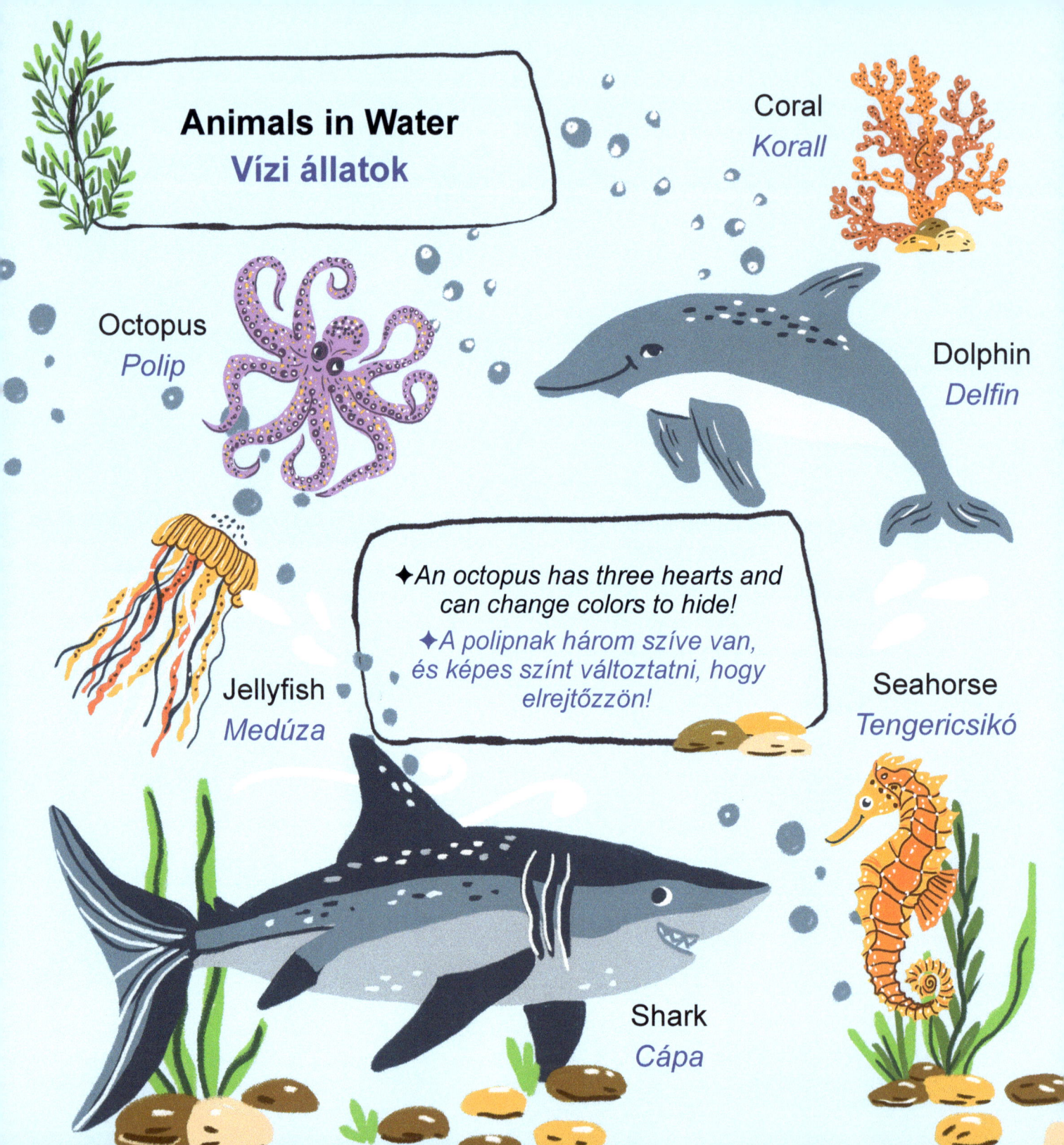

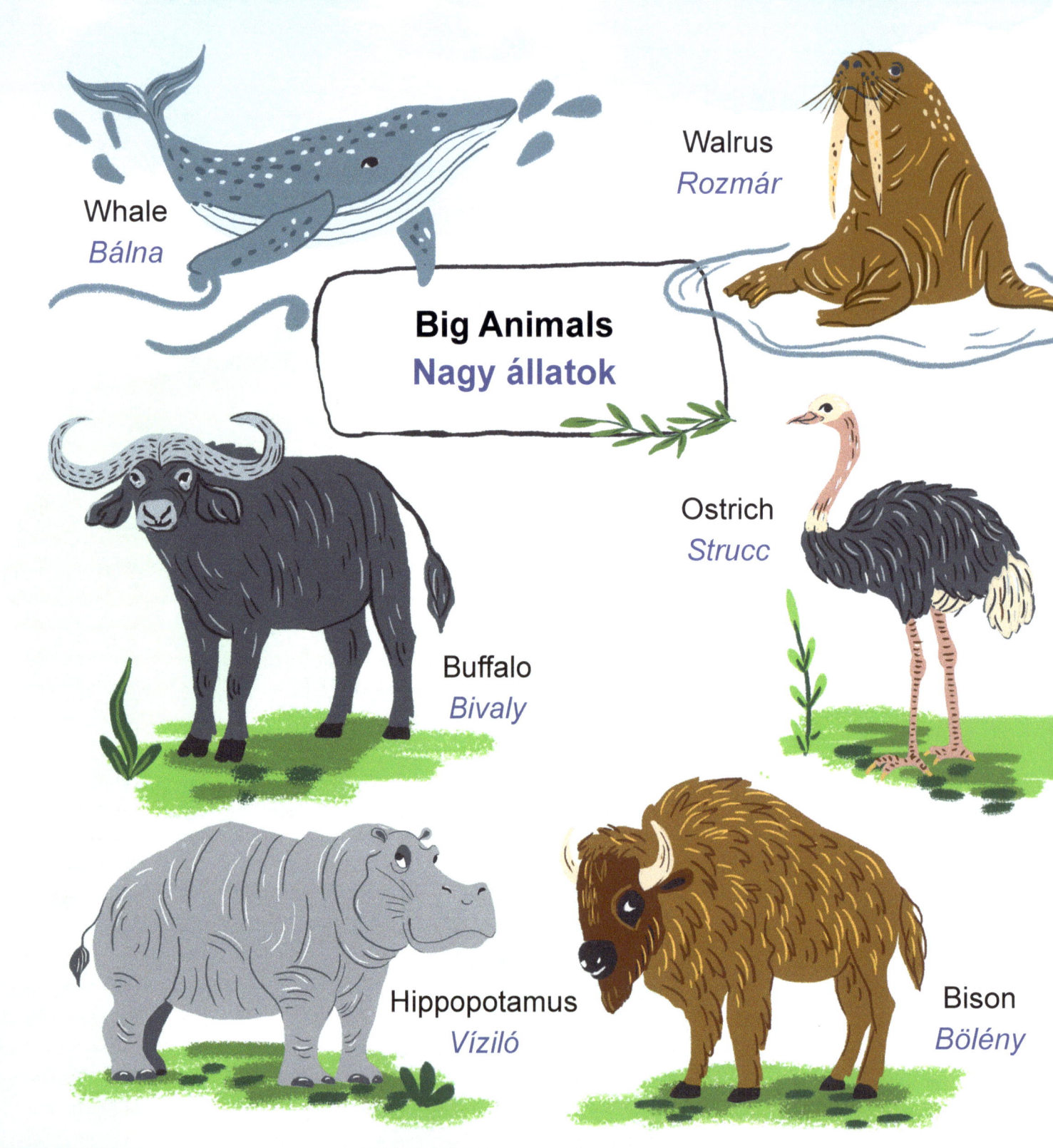

Small Animals
Kis állatok

Chameleon
Kaméleon

Spider
Pók

- An ostrich is the biggest bird, but it cannot fly!
- *A strucc a legnagyobb madár, de nem tud repülni!*

Bee
Méh

- A snail carries its home on its back and moves very slowly.
- *A csiga a házát a hátán hordja, és nagyon lassan mozog.*

Snail
Csiga

Mouse
Egér

Quiet Animals
Csendes állatok

Turtle
Teknős

Ladybug
Katicabogár

✦ A turtle can live both on land and in water.
✦ *A teknős szárazföldön és vízben is képes élni.*

Fish
Hal

Lizard
Gyík

Owl
Bagoly

Bat
Denevér

◆ An owl hunts at night and uses its hearing to find food!
◆ *A bagoly éjszaka vadászik, és a hallását használja, hogy megtalálja az ételt!*

◆ A firefly glows at night to find other fireflies.
◆ *A szentjánosbogár éjszaka világít, hogy megtalálja a többi szentjánosbogarat.*

Raccoon
Mosómedve

Tarantula
Madárpók

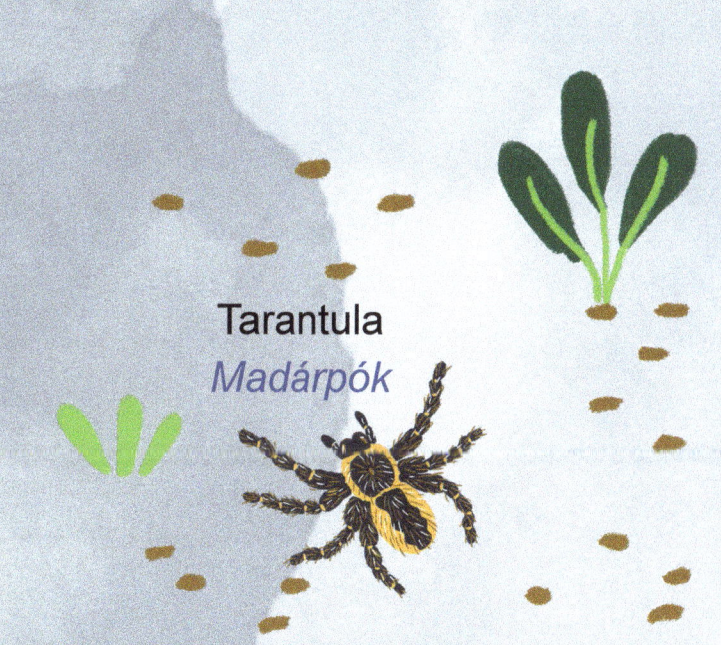

Colorful Animals
Színes állatok

A flamingo is pink
A flamingó rózsaszín

An owl is brown
A bagoly barna

A swan is white
A hattyú fehér

An octopus is purple
A polip lila

A frog is green
A béka zöld

✦ A frog is green, so it can hide among the leaves.
✦ *A béka zöld, így el tud rejtőzni a levelek között.*

Animals and Their Babies
Állatok és kicsinyeik

Cow and Calf
Tehén és Borjú

Cat and Kitten
Macska és Kiscica

✦ A chick talks to its mother even before it hatches.
✦ *A csibe már a kikelés előtt „beszél" az anyjával.*

Chicken and Chick
Tyúk és Csibe

Dog and Puppy
Kutya és Kölyök

Butterfly and Caterpillar
Pillangó és Hernyó

Sheep and Lamb
Juh és Bárány

Horse and Foal
Ló és Csikó

Pig and Piglet
Malac és Kismalac

Goat and Kid
Kecske és Gida

www.ingramcontent.com/pod-product-compliance
Lightning Source LLC
LaVergne TN
LVHW072057060526
838200LV00061B/4757